KNISTER

Hexe Lilli

Das Quiz

Können Vögel rückwärts fliegen?

… und 95 andere Fragen,
die du schon immer stellen wolltest

Arena

Hallo, ich bin Hexe Lilli!

Bestimmt kennst du mich aus meinen Büchern. Mit meinem kleinen Bruder Leon und dem Drachen Hector erlebe ich die wildesten Abenteuer. Und wenn mir Leon mal wieder Löcher in den Bauch fragt, weiß ich immer eine Antwort! Zugegeben – manchmal ist die Antwort ein bisschen geflunkert, aber das weiß Leon ja nicht.

Bei diesem Quiz kommt es darauf an, dass du von drei Auswahlantworten die richtige errätst. Was ist wahr? Was ist gemogelt?

So geht's:
Lies die Fragen gut durch und wähle eine Antwort aus. Die Auflösung findest du auf der Rückseite. **Für jede richtige Antwort bekommst du einen Punkt. Die „Hexe-Lilli-Spezial"-Fragen sind besonders knifflig. Dafür gibt es sogar drei Punkte.** Notiere deine Punkte auf einem Zettel und zähle sie zusammen.

91–120 Punkte: Super-Rekord-Quizmeister
61–90 Punkte: Rekord-Quizmeister
31–60 Punkte: Quizmeister
0–30 Punkte: Quizamateur

Für einen oder mehrere Spieler

Zu Hause und woanders

1 Wie zeigt man in China, dass es einem schmeckt?

a Durch lautes Rülpsen und Schmatzen

b Durch Pupsen

c Man isst bis zum letzten Reiskörnchen auf.

Hexe-Lilli-Spezial

2 Gibt es in China Schokolade?

a Nur in kleinen Dorflädchen

b In China isst man keine Schokolade.

c Sie ist teuer und schmeckt den meisten Chinesen nicht.

1a Lautes Rülpsen und Schmatzen gilt in China als Zeichen, dass es besonders gut schmeckt. Aufessen sollte man allerdings nicht, denn dies wird als Kritik verstanden, dass es nicht genug zu essen gab.

2c Schokolade gibt es in China, allerdings fast nur in den großen Städten. Sie ist sehr teuer, und trifft nicht ganz den Geschmack der Chinesen. Die knabbern lieber an Süßem oder Salzigem.

1 Was bedeutet das Zeichen „C+M+B“, das die Sternsinger am 6. Januar über viele Haustüren schreiben?

a Caspar, Melchior, Balthasar

b Christus mansionem benedicat. (Christus segne dieses Haus.)

c Christus, mein Begleiter

2 Wie sind bei alten Straßen in Berlin die Hausnummern vergeben?

a Es gibt keine Hausnummern, sondern nur Buchstaben.

b Auf der einen Straßenseite sind die geraden, auf der anderen die ungeraden Zahlen.

c Auf der einen Straßenseite beginnend wird fortlaufend nummeriert.

1b Bei dieser Inschrift, die viele Sternsinger am 6. Januar bei ihrem Rundgang durch die Straßen mit Kreide über die Haustüren schreiben, handelt es sich um einen lateinischen Segenswunsch: Man wünscht den Bewohnern, dass Christus sie segnen möge.

2c Grundsätzlich müssen in Deutschland alle Häuser eine Nummer haben und diese werden von der Gemeinde vergeben. In der Regel erfolgt die Nummerierung so, dass auf der einen Straßenseite alle geraden und auf der anderen Seite die ungeraden Nummern stehen. In alten Berliner Straßen ist aber zunächst fortlaufend die eine Seite nummeriert worden und dann die andere.

1 Was ist anstrengender: Fernsehen oder Schlafen?

a Fernsehen
b Schlafen
c Beides ist gleich anstrengend.

2 Warum bleiben Bonsai-Bäume so klein?

a Es handelt sich um spezielle Züchtungen.
b Weil die Bäume nie gegossen werden
c Die Zweige und Wurzeln werden beschnitten.

1b Schlafen ist für den Körper „richtige“ Arbeit! Im Gehirn werden die Erinnerungen verarbeitet und die Zellen erneuern sich. Beim Fernsehen bleibt der Körper jedoch in gewissem Maße angespannt, d. h., die einzelnen Zellen können sich nicht so gut erholen. Deshalb verbraucht man beim Schlafen auch mehr Kalorien!

2c Bonsai ist eine alte fernöstliche Art der Gartenkunst. Um die Wuchsform so klein zu lassen, werden auf gekonnte Art immer wieder die Wurzeln und Zweige beschnitten.

1 Wie lange bräuchte man, um die Erde zu durchbohren, wenn man pro Minute 30 cm tief bohrt?

a 52 Tage

b 78 Monate

c Etwa 80 Jahre

2 Wann entstanden die ersten Kunstwerke?

a Als vor 30 000 Jahren Höhlen bemalt wurden

b Als vor 500 000 Jahren die ersten Dinosaurierfiguren entstanden

c Als vor 500 Jahren die ersten Kinderbücher illustriert wurden

1c Man würde 18 m pro Stunde bohren – und bräuchte dann etwa 80 Jahre, um sich durch die Erde „durchzubohren“, denn ihr Durchmesser beträgt 12 756 km. Im Inneren der Erde ist es jedoch glutheiß und es herrscht ein unvorstellbar großer Druck, sodass ein solches Vorhaben nicht funktionieren würde.

2a Zu den ersten Kunstwerken der Menschheit gehören die Höhlenmalereien, z. B. in Frankreich in der Höhle Lascaux. Aber auch auf der Schwäbischen Alb wohnten schon früher Künstler: Zu einem der ältesten Funde gehört der Löwenmensch, der aus dem Stoßzahn eines Mammuts geschnitzt wurde.

1 Welche Sprache haben die meisten Menschen als Muttersprache?

a Englisch
b Spanisch
c Chinesisch

Hexe-Lilli-Spezial

2 Wie kommt ein Wort in den Duden?

a Wenn eine berühmte Person ein neues Wort mehrmals benutzt
b Wenn es in einer bestimmten Häufigkeit in einem längeren Zeitraum auftauchte
c Es kommen überhaupt keine neuen Wörter in den Duden.

1c Englisch wird zwar weltweit am meisten gesprochen, doch für die meisten ist es eine Fremdsprache. Chinesisch haben 890 Millionen Menschen als Muttersprache, Englisch hingegen „nur“ 320 Millionen und Spanisch 330 Millionen Menschen.

2b Natürlich benutzen wir nicht immer dieselben Wörter – einige verschwinden, andere kommen neu dazu. Die Duden-Redaktion liest jede Menge Bücher und durchforstet mit Computerprogrammen digitale Texte nach neuen Wörtern. Tauchen neue Wörter in einem bestimmten Zeitraum mehrfach auf, werden sie in den Duden aufgenommen.

1 Welches Land hat die meisten Einwohner?

a Deutschland
b USA
c China

2 Was versteht man unter „Waschnüssen“?

a Kinder, die sich nicht Waschen wollen
b Nüsse, mit denen man waschen kann
c Es ist ein Übersetzungsfehler und meint eigentlich „Naschnüsse“.

1c China! Dort leben 1,3 Milliarden Menschen – das sind mehr als in Afrika und Europa zusammen.

2b Waschnüsse kann man statt Waschpulver in die Waschmaschine geben und so sehr umweltfreundlich waschen. Waschnussbäume gehören zu den Seifenbaumgewächsen. Diese wachsen in Asien, z. B. in Indien.

1 Was ist die Seidenstraße?

a Ein alter Karawanenweg, auf der früher Seide transportiert wurde

b Eine wöchentliche Fernsehserie

c Die Straße, in der die Seidenhändler wohnen und verkaufen

2 Woraus hat man früher in China Flöße gebaut?

a Aus Kürbissen

b Aus aufgeblasenen Tierhäuten

c Aus Palmenblättern

1a Als Seidenstraße bezeichnet man die alten Handelsrouten, auf denen früher Seide aus Asien nach Europa transportiert wurde.

2b Den Huang Pu, einen Fluss an der Seidenstraße, hat man früher auf Flößen überquert, die aus einem Holzgestell bestanden, auf das aufgeblasene Tierhäute gebunden waren. Ein solches Floß hatte etwa eine Größe von 5 Quadratmetern und konnte 6 bis 8 Leute tragen.

1 Was bedeutet der Name „Eskimo“ übersetzt?

a Schneemensch
b Rohfleischesser
c Walfänger

2 Was macht man in Indien mit Kühen?

a Leckeres Rindercurry
b Man verehrt sie als heilig.
c In Indien leben keine Kühe.

1b Die Eskimos selbst nennen sich Inuit, das bedeutet übersetzt „Menschen“. Den Namen „Eskimo“ haben ihnen die Nordamerikaner gegeben und er bedeutet „Rohfleischesser“. Es ist also ein Schimpfwort.

2b In Indien werden Kühe als heilige Tiere verehrt, die man nicht töten darf. Für alte Tiere gibt es sogar spezielle „Kuhaltenheime“. Dort werden die Kuhomas und Ochsenopas bis zu ihrem Tod liebevoll gepflegt.

1 Kann man bis zum Horizont laufen?

a Ja, immer wenn man vom Berg herabläuft, erreicht man den Horizont.
b Nein, zu Fuß erreicht man ihn nicht, nur mit dem Flugzeug.
c Nein, den Horizont erreicht man nie.

Hexe-Lilli-Spezial

2 Wie hoch ist der Himmel?

a unendlich hoch
b 4 km
c 500 m

1c Als den Horizont bezeichnet man die scheinbare Begrenzungslinie zwischen Himmel und Erde. Da die Erde eine Kugel ist, verschiebt sich diese Linie, wenn man seinen Standpunkt verändert. Man kann den Horizont also nie erreichen.

2a Der Blick hoch in den Himmel reicht unendlich weit, wenn gerade keine Wolken die Sicht verdecken. Die Schutzhülle der Erde, die sogenannte Atmosphäre, ist ca. 80 bis 100 km dick. Verkehrsflugzeuge fliegen auf einer Höhe von 10 km.

1 Woher wissen Krokodiljunge im Ei, wann sie schlüpfen sollen?

a Sie schlüpfen nach genau 27 Wochen.

b Sie schlüpfen, wenn sie groß genug sind.

c Sie sprechen es vorher ab und schlüpfen alle zusammen.

2 Junge oder Mädchen – wie entscheidet sich das beim Krokodil?

a Ein Weibchen legt nur Eier mit Jungen, ein anderes mit Mädchen.

b Die Eier, die in der Sonne liegen, werden Jungen.

c Es wechselt jährlich – ein Jahr Jungen, im nächsten Mädchen.

1c „Umpf, umpf, umpf“, die kleinen Krokodile „sprechen“ sich mit Quietschlauten ab, wann sie schlüpfen. So wecken sie auch die Aufmerksamkeit ihrer Mutter, die nun ganz besonders aufpasst und ihre Kleinen sofort vor Feinden beschützt.

2b Die Bruttemperatur ist tatsächlich entscheidend: Aus den Eiern, die auf der warmen Sonnenseite liegen, schlüpfen Jungen. In den Eiern im etwas kühleren Schatten entwickeln sich Mädchen.

1 Können Hühner fliegen?

a Natürlich

b Wer Eier legt, kann nicht fliegen.

c Sie können nur flattern.

2 Warum legt das Huhn ein Ei?

a Weil der Bauer darum gebeten hat

b Weil das Huhn Medikamente kriegt, um Eier zu legen

c Weil Hühner sich fortpflanzen wollen

1c Da Hühner am Boden leben, haben sich ihre Flügel im Laufe der Zeit so weit zurückgebildet, dass sie nur noch flattern können – Langstreckenflüge schaffen sie nicht mehr.

2c Normalerweise würde ein Huhn etwa 10 bis 12 Eier legen und anschließend ausbrüten. Doch da in den Hühnerfarmen die Eier stets weggenommen werden, ist das Nest nie voll und das Huhn macht immer weiter.

1 Welcher Dino würde sich am besten als Haustier eignen?

a Compsoganthus
b Velicoraptor
c Brachiosaurus

2 Warum sind die Dinos ausgestorben?

a Sie sind an einer Epidemie gestorben.
b Weil sie das ganze Gras aufgefressen hatten
c Weil ein Meteoriteneinschlag für einen Klimawandel sorgte

1a Geeignet für die Haltung im Kinderzimmer wäre höchstens der Compsognathus: Er wird etwa kniehoch und wiegt nur ca. 3 kg. Von dem Velicoraptor mit seinen 1,80 m und scharfen Krallen wäre eher abzuraten. Und für den 28 m großen Brachiosaurus würde kaum die Turnhalle als Schlafplatz reichen.

2c Ganz genau weiß man es nicht. Entweder waren es Meteoriteneinschläge oder Vulkanausbrüche – jedenfalls verdunkelten Staubwolken lange die Erde und damit änderte sich das Klima. Aus diesem Grund starben sehr viele Tierarten aus.

Tierisch

1 Wie lange leben Amseln?

a 1 Jahr

b 4 bis 5 Jahre

c 10 Jahre

Hexe-Lilli-Spezial

2 Können Vögel rückwärts fliegen?

a Nein, das ist unmöglich.

b Ja, aber nur manche Arten

c Nur mit Rückenwind

1b Amseln werden etwa 4 bis 5 Jahre alt. Eine Amselmutter kann bis zu 4-mal 3 bis 5 Eier legen.

2b Die meisten Vögel beherrschen den Gleit- oder Ruderflug und lassen sich so durch die Lüfte tragen. Die Kolibris beherrschen jedoch die perfekte Flugtechnik: den Schwirrflug! Dabei schlagen sie so schnell und geschickt mit ihren Flügeln, dass sie in alle Richtungen, also auch rückwärts, fliegen können.

1 Warum summt eine Biene?

a Weil sie den Text vergessen hat

b Weil sie ihre Freunde ruft

c Das Geräusch entsteht durch die Flügelschläge.

2 Wie groß ist der Zehennagel eines Elefanten?

a So groß wie eine Kinderhand

b So groß wie ein Kinderfuß

c So groß wie ein Fußball

1c Mit ihren kleinen Flügelchen flattern Bienen etwa 250-mal pro Sekunde auf und ab. So entsteht das summende Geräusch.

2a Ein afrikanischer Elefant kann bis zu 3 m hoch und 8 m lang werden. Also sind auch seine Füße riesig: Ein einziger Fußnagel kann so groß wie eine ganze Kinderhand werden.

1 Warum fällen Biber Bäume?

a Weil sie das Holz fressen

b Um damit ihre Burgen zu bauen

c Das stimmt gar nicht.

2 Können Meerkatzen schwimmen?

a Nein, Katzen sind wasserscheu.

b Ja, denn es sind Fische, die wie Katzen aussehen.

c Ja, es sind Affen, und sie können schwimmen.

1b Biber bauen mit den gefällten Bäumen ihre Biberburg. Geschickt dämmen sie mit den Stämmen ganze Bäche ein, sodass Tümpel entstehen. Dort baut die Biberfamilie dann ihre Höhle.

2c Meerkatzen sind eine Affenart! Wahrscheinlich hielten die ersten europäischen Besucher die süßen Tierchen für Katzen: Wendig hüpften sie von Baum zu Baum und paddelten geschickt durchs Wasser – und waren so schnell weg, dass die Besucher sie nicht erkannten!

1 Können Eisbären schwitzen?

a Wenn sie schnell rennen, bilden sich Schweißtropfen in ihrem Fell.

b Nein, wenn ihnen warm wird, hängen sie die Zunge raus.

c Am Nordpol ist es viel zu kalt zum Schwitzen.

2 Gibt es in China Drachen?

a Nur in den südchinesischen Provinzen

b Nein, seit der Qin-Dynastie sind sie ausgestorben.

c Es sind Märchenfiguren.

1b Natürlich wird Eisbären manchmal heiß! Allerdings schwitzen sie dann nicht, sondern hecheln wie Hunde: Sie hängen ihre Zunge raus. Diese ist gut durchblutet, und wenn sie sich abkühlt, kühlt das auch den Blutkreislauf.

2c Drachen gibt es auch in China nur in Sagen und Märchen. Vermutlich fand man früher Knochen von Dinosauriern und wusste nicht, zu welchen Tieren sie gehörten: Und schon war die Idee von furchtbaren Ungeheuern und Feuer spuckenden Drachen geboren!

1 Machen Fische beim Schlafen die Augen zu?

a Fische haben keine Augen.
b Sie treiben mit offenen Augen im Wasser.
c Sie machen immer nur ein Auge zu.

Hexe-Lilli-Spezial

2 Können sich Fische wehtun?

a Fische empfinden keinen Schmerz.
b Fische sind durch die Schuppen geschützt.
c Na klar, Fische empfinden auch Schmerzen.

1b Fische haben keine Augenlider und können deshalb ihre Augen nicht zumachen.

2c Natürlich empfinden Fische Schmerzen! Sie können zwar nicht schreien, wenn es wehtut, aber sie spüren Schmerzen genau wie Menschen, Hunde oder Katzen. Sie haben Nerven und Schmerzrezeptoren – und wenn man sie quält, leiden sie.

1 Zu was für Tieren werden Raupen?

a Zu Fröschen
b Zu Schmetterlingen
c Sie werden gar nichts, Raupen bleiben so.

2 Warum spucken Lamas?

a Um ihren Schlafplatz zu markieren
b Um die Rangordnung in der Gruppe zu klären
c Um sich Futter zu sichern

1b Schmetterlinge legen Eier, aus denen die Raupen schlüpfen. Diese futtern sich dick und rund, verpuppen sich und werden zu Schmetterlingen. Frösche waren zuvor kleine Kaulquappen, die aus dem Laich (den Eiern) gekrabbelt sind.

2 Mit heftigen Spuckattacken klären die Lamas ihre Ordnung in der Gruppe: Wer am besten spuckt, ist der Anführer. Gleichzeitig vertreiben sie so ihre Feinde.

1 Wie schnell wachsen Fingernägel?

a 1–2 mm pro Monat
b 3–4 mm pro Monat
c 1 cm pro Monat

2 Wie schnell wachsen Haare?

a Etwa 10 cm pro Jahr
b Etwa 1 m pro Jahr
c Etwa 10 m pro Jahr

1b Fingernägel wachsen 3–4 mm pro Monat. Das Wachstum wie auch die Härte hängen unter anderem von einer gesunden Ernährung ab. Ernährt man sich ungesund und isst zu wenig Obst und Gemüse, werden die Nägel brüchig.

2a Gesunde Haare wachsen etwa 10 cm pro Jahr. Bis deine Haare so lang sind wie die von Rapunzel, musst du also ziemlich lange warten.

1 Wie viele Haare hat man auf dem Kopf?

a 10 000 Haare
b 100 000 Haare
c 1 000 000 Haare

2 Verliert man Haare?

a Ja, jeden Tag etwa 100
b Nur wenn man Oma oder Opa wird
c Ja, immer wenn man sich ärgert!

1b Insgesamt hat man ungefähr 100 000 Haare auf dem Kopf!

2a Ja, man verliert jeden Tag etwa 100 Haare. Das macht aber nichts, da die Haare in der Regel schnell wieder nachwachsen.

1 Wie viele Muskeln hat ein Mensch?

a Etwa 60

b Über 600

c Genau 6 000

Hexe-Lilli-Spezial

2 Wie viele Muskeln hat die Zunge?

a Nur einen

b Etwa 14

c Etwa 61

1b Menschen sind echte Muskelpakete! Jeder hat über 600 Muskeln. Ganz schön anstrengend, wenn man die alle trainieren möchte ...

2b In der Zunge hat man etwa 14 Muskeln. Man bewegt sie beim Sprechen oder kann Quatsch mit ihr machen, z. B. sie dem Nachbarn rausstrecken.

1 Was ist der längste Muskel?

a Der Muskel vom Ellenbogen zur Schulter

b Der Muskel von der Hüfte zum Knie

c Der Muskel vom Nacken bis zum Po

2 Was ist der kleinste Muskel?

a Der Hufeisenmuskel an der Ferse

b Der Steigbügelmuskel im Ohr

c Der Sporenmuskel in der Nase

1b Der Schneidermuskel reicht von der Hüfte bis zum Knie. Er ist damit der längste Muskel am Körper.

2b Der kleinste Muskel heißt Steigbügelmuskel. Er verbirgt sich im Ohr und ist 1 mm lang. Die anderen Muskeln gibt es gar nicht.

1 Was sind die schnellsten Muskeln im Körper?

a Der Augenlidmuskel
b Die Fingermuskeln
c Der Darmmuskel

2 Wo hat man die dickste Haut?

a Am Rücken
b An den Finger-spitzen
c An den Fußsohlen

1a Am schnellsten ist der Wimpernschlag! Dank des flinken Augenlidmuskels kann man bis zu 5 Mal in der Sekunde blinzeln – so schnell lässt sich keine andere Bewegung ausführen!

2c Auch wenn man manchmal ein „dickes Fell" braucht, am Rücken ist die Haut nicht besonders dick. Doch an den Fußsohlen ist man richtig dickhäutig. Dort kann die Hornhaut bis zu 6 mm dick werden. Das ist fast so dick wie eine Scheibe Brot.

1 Wie schnell ist das Gehirn?

a Es werden 3 Signale pro Minute übermittelt.

b Die Botschaften rasen mit 400 km/h durch die Nervenbahnen.

c So schnell, wie man laufen kann

2 Was passiert, wenn man Knochen in Essig einlegt?

a Sie werden butterweich.

b Sie zerfallen.

c Sie werden knallhart.

1b Manchmal steht man richtig auf dem Schlauch. Doch das liegt nicht an unserem Gehirn! Dort fliegen die Botschaften förmlich durch die Nervenbahnen: Mit fast 400 km/h sind sie schneller als ein ICE!

2a Durch den Essig wird den Knochen Kalzium entzogen und dadurch werden sie weich. Also, immer schön den Brokkoli aufessen! In diesem Gemüse, genau wie in Milch- und Vollkornprodukten oder Orangen ist das Mineral Kalzium, das die Knochen schön hart und bruchsicher macht.

1 Wann bekommt man Schluckauf?

a Wenn man müde wird

b Wenn man zu schnell gegessen oder etwas mit Kohlensäure getrunken hat

c Wenn man zu wenig Luft geholt hat

Hexe-Lilli-Spezial

2 Ist Gähnen ansteckend?

a Ja, wenn einer gähnt, gähnen plötzlich alle.

b Nein

c Es gibt bestimmte Zeiten, zu denen jeder Mensch gähnen muss.

1b Schluckauf ist eine reflexartige Reaktion des Zwerchfelles, die aus verschiedenen Gründen einsetzt. Meistens leidet man unter einem „Hickser“, wenn man zu schnell gegessen hat, das Essen zu heiß oder zu scharf war oder man zu viel Alkohol getrunken hat.

2a Unglaublich, aber wahr: Gähnen wirkt tatsächlich ansteckend. Wenn einer den Mund aufreißt und so seine Müdigkeit signalisiert, überträgt sich diese Stimmung oft auch auf die anderen – und die gähnen dann auch.

1 Wie viel Blut hat jeder Mensch?

a Kinder etwa 3 l, Erwachsene 5 l

b Erwachsene bis zu 15 l

c Maximal 0,5 l

2 Wie schnell schießt die Luft beim Niesen aus der Nase?

a 160 km/h – so schnell wie ein Auto auf der Autobahn

b 350 km/h – so schnell wie ein Formel-1-Wagen

c 800 km/h – so schnell wie ein Verkehrsflugzeug

1a Gute Nachrichten für Vampire:
Etwa 5 l Blut hat jeder Erwachsene.
Kinder haben etwa 3 l Blut.

2a Bei einem richtig kräftigen „Hatschi“ schießt die Luft explosionsartig aus der Nase und erreicht eine Geschwindigkeit von 160 km/h. Dabei werden alle Staubkörnchen und der Schleim, der von den kleinen Härchen in der Nase zurückgehalten wurde, mit ausgestoßen.

1 Warum kann man Luft nicht sehen?

a Weil unsere Augen zu schwach sind
b Weil sie durchsichtig ist
c Weil es sie nicht gibt

2 Warum träumt man nachts?

a Weil die Traumfee und der Sandmann Träume schicken
b Weil das Gehirn Erinnerungen und Erlebnisse „verarbeitet“
c Weil man Wünsche und Visionen entwickelt

1b Wenn man die Hand bewegt, spürt man einen Luftzug – also gibt es da etwas und doch sieht man es nicht. Luft ist für unsere Augen „durchsichtig". Sie ist ein Gas, das wie alles aus Atomen besteht. Diese kleinen Teilchen kann man nur unter bestimmten Voraussetzungen sehen, z. B. wenn es regnet und gleichzeitig die Sonne scheint: Dann schillert die Luft als bunter Regenbogen.

2b Unser Gehirn arbeitet sogar nachts: Dann werden Erlebnisse und Erfahrungen „abgespeichert" und verarbeitet. Manchmal führt das zu Träumen. Diese können wunderschön, aber manchmal auch ein bisschen grausig sein ...

1 Womit konnte man früher seine Steuern zahlen?

a Mit Murmeln

b Mit Drachenzähnen

c Mit Pfefferkörnern

2 Wo war das Klo auf einer Burg?

a Es war ein Eimer im Keller.

b Man ging heimlich in den Burggarten.

c Es war ein Erker.

1c Heute stehen Salz und Pfeffer auf jedem Esstisch, doch früher war Pfeffer so kostbar, dass man ihn statt Geld verwendete. So wie man heute seine Steuern ans Finanzamt zahlt, konnte man im Mittelalter einen Sack Pfeffer abliefern.

2c Auf Burgen war das stille Örtchen ein „heymliches Gemach", und zwar in einem Erker, der unten ein Loch hatte. Und wenn man sich draufsetzte, fiel alles in den Burggraben oder in eine Jauchegrube. Ganz schön stinkig!

Zu Omas Zeiten

1 Wie färbte man früher Wäsche purpurrot?

a Mit Himbeersaft
b Mit Meeresschnecken
c Mit Stierblut

Hexe-Lilli-Spezial

2 Warum sagt man „blaumachen“?

a Weil man auf der Wiese liegt und den Himmel anguckt
b Weil man ins blaue Wasser baden geht
c Weil die Wäsche zum Blaufärben in der Sonne lag

1b Ein purpurnes Gewand war so kostbar, dass nur Kaiser, Könige und Kardinäle es sich leisten konnten! Am besten konnten die Phönizier ihre Kleider purpurrot färben: Sie sammelten die kleinen Purpurschnecken aus dem Meer, verkochten sie und gewannen daraus den roten Farbstoff.

2c Früher wurde Wäsche mit Indigo gefärbt: Die Kleider wurden in einem Gemisch aus der gelben Indigo-Pflanze und Urin eingelegt. Durch die Berührung mit dem Sauerstoff beim anschließenden Trocknen an der frischen Luft wurden sie schließlich blau. Die Färber machten also einen Tag „Blau“.

1 Wie kommen die Löcher in den Käse?

a Durch die Mäuse

b Weil die Milch beim Kochen „gluckert“

c Durch Bakterien

2 Wie wurde früher Obst haltbar gemacht?

a Es wurde in den Schnee gelegt.

b Es wurde in Mehl gelegt.

c Es wurde in Honig gelegt.

1c Die Löcher entstehen durch Propionibakterien! Diese sind im Käse und „vergären“, wobei die Löcher entstehen!

2c Früher wurde Obst in Honig eingelegt, da Honig nicht schimmelt. So konnte man ein paar Vorräte für den Winter anlegen. Gemüse legte man in Essig ein, Fleisch und Fisch wurde geräuchert, später auch in Salz eingelegt und gepökelt.

1 Wie groß waren die ersten Staubsauger?

a So groß wie ein Rucksack

b So groß, dass sie auf ein Pferdefuhrwerk montiert wurden

c So groß wie zwei Eisenbahnwaggons

2 Wann wurde die erste Spülmaschine in Europa benutzt?

a 1929

b 1901

c 1850

1b Es wurden mehrere Versuche unternommen, einen Staubsauger zu erfinden. 1876 ließen sich z. B. Anna und Melville Bissell ein Patent für ein Gerät erteilen, das auf einem Pferdewagen montiert war. Von dort wurde dann per Schlauch das Haus gereinigt. Der Schlauch zum Aufsaugen des Staubes war 240 m lang und es machte einen Höllenlärm.

2a In Europa wurde die erste Spülmaschine 1929 eingesetzt, ein paar Jahrzehnte später fand man sie schon in vielen Haushalten. In Amerika fanden die Frauen allerdings schon früher Entlastung bei der lästigen Hausarbeit …

1 Schliefen Ritter in Federbetten?

a Ritter liebten ihre Federbetten.

b Es waren eher Holzbetten und Strohschütten.

c Ritter schliefen auf dem Boden.

2 Warum wurden Burgen gebaut?

a Weil es sich das Burgfräulein wünschte

b Als Austragungsort für die Ritterspiele

c Zum Schutz und zur Verteidigung

1a Kuschelige Federbetten gab es bereits im Mittelalter! Allerdings waren sie kostbar und teuer und somit nur etwas für wirklich reiche Ritter. Wer es sich leisten konnte, legte vor das Bett ein paar weiche Felle und über das Bett noch eine warme, seidene Steppdecke. Die ärmeren Leute schliefen auf Strohschütten.

2c Burgen dienten den reichen Burgherren als Wohnsitz. Gebaut wurden sie jedoch vor allem, damit alle Schutz fanden, wenn das Land von feindlichen Kriegern angegriffen wurde.

1 Kann man Kastanien essen?

a Nur die kleinen

b Nur Esskastanien

c Ja, aber man muss sie vorher kochen.

Hexe-Lilli-Spezial

2 Seit wann gibt es Rosen?

a Seit 32 Millionen Jahren

b Seit 10 000 Jahren

c Seit dem Mittelalter

1b Man kann nicht alle Kastanien essen. Rosskastanien sind ungenießbar, die grünen Schalen sind sogar giftig! Essen kann man nur die Maroni, die kleineren Esskastanien. Rosskastanien sehen ihnen nur ähnlich, sind mit ihnen aber nicht verwandt.

2a In Amerika entdeckte man Versteinerungen von Rosen, deren Alter auf 32 Millionen Jahre geschätzt wird. Ob sich wohl verliebte Steinzeitmenschen auch schon Rosen schenkten?

1 Seit wann gibt es Butterbrote?

a Seit dem 14. Jahrhundert, vorher gab es keine Butter.
b Seit dem 13. Jahrhundert, vorher gab es kein Brot.
c Schon die alten Ägypter aßen Butterbrote.

2 Welche Strafe drohte im Mittelalter den Bäckern, wenn sie die Brote zu klein backten?

a Sie mussten das Brot selbst aufessen.
b Sie wurden in Käfige gesetzt und ins Wasser getaucht.
c Sie mussten ihre Lehrlinge entlassen und die Bäckerei schließen.

1a Brot liebten schon die alten Ägypter, Fladenbrote wurden bereits etwa 3000 v. Chr. gegessen. Doch Butter gibt es noch nicht so lange – ihre Herstellung gelang erst im 14. Jahrhundert. Seither gibt es Butterstullen!

2b Im Mittelalter brachten viele Bauern ihr Getreide zum Bäcker, der dann Brot daraus backte. Unterschlug er Mehl und backte die Brote zu klein, wurde er hart bestraft. Er musste entweder in den Kerker, wurde an den Pranger gestellt, über einer Jauchegrube gefesselt oder in einem Eisenkäfig in den eiskalten Fluss getaucht.

1 Haben Ritter Geburtstag gefeiert?

a Nein, nur Knappen feierten ihren Geburtstag.

b Nein, im Mittelalter wurden keine Geburtstage gefeiert.

c Natürlich haben auch Ritter Geburtstag gefeiert!

2 Wer durfte im Mittelalter eine Mütze tragen?

a Jeder, aber sie musste standesgemäß sein.

b Das Tragen von Mützen war Königen und Kardinälen vorbehalten.

c Man durfte eine Mütze erst nach der Hochzeit tragen.

1b Im Mittelalter feierte man keinen Geburtstag, nur Kaiser oder Könige ließen sich feiern. Das Volk selbst feierte die Namenstage der Heiligen. Erst im 18. Jahrhundert begann langsam der Brauch, Geburtstag zu feiern.

2a Wenn es kalt war, durfte jeder eine Mütze tragen – allerdings gab es strenge Kleiderregeln: Bauern durften z. B. keine kostbaren Pelze und Gesinde keine teuren Stoffe tragen. Und waren Frauen verheiratet, herrschte „Hutpflicht“: Dann waren sie schließlich unter der Haube.

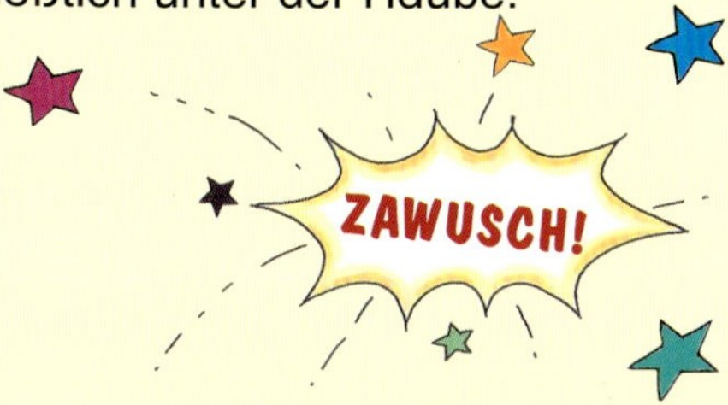

1 Gibt es heute noch echte Prinzessinnen?

a Nein, Prinzessinnen gab es schon immer nur im Märchen.

b Nein, seit dem Mittelalter gibt es keine Prinzessinnen mehr.

c Ja, adlige Königshäuser bekommen auch heute noch Kinder.

2 Warum trugen so viele Piraten Ohrringe?

a Weil sie sich damit unverwundbar glaubten

b Weil sie dachten, sie wären ein Schutz vor dem Ertrinken

c Damit sie sich gegenseitig erkannten

1c Prinzessin Mette-Marit, Máxima, Elena, Letitzia, Christina – noch immer spielen in zehn europäischen Ländern die Königshäuser eine Rolle. Und so gibt es u. a. in Spanien, England, Holland, Belgien, Norwegen und Schweden noch heute echte Prinzessinnen.

2b Viele Piraten trugen Ohrringe, da sie glaubten, dass diese Schutz vor dem Ertrinken bieten würden. Außerdem sollten sie die Sehkraft schärfen! Eine Brille wäre wohl besser gewesen …

Piraten und Prinzessinnen

1 Was muss eine Prinzessin tun, bevor sie einen Prinzen küssen darf?

a Sie muss einen Prinzen treffen.
b Sie muss sich vorher den Mund waschen.
c Sie muss ihn heiraten.

Hexe-Lilli-Spezial

2 Durften Frauen Piraten werden?

a Sie durften auf Piratenschiffen nur als Köchinnen mitfahren.
b Die Mannschaft bestand immer zur Hälfte aus Männern und Frauen.
c Sie waren an Bord verboten, schlichen sich aber dennoch dazu.

1a Vor der Heirat nicht küssen? Daran halten sich wohl auch die wenigsten Prinzessinnen. Aber kennenlernen müssen sie ihren Prinzen schon, bevor sie ihn küssen können!

2c Ann Bonny, Mary Read, Grace O'Malley oder Madame Cheng – sie alle waren berühmte Piratinnen! Madame Cheng führte sogar eine Piratenflotte von über 50 000 Mann im Südchinesischen Meer an.

1 Warum haben die Piraten am liebsten im Dunkeln gegessen?

a Weil sie nicht genug Öl für die Lampen hatten

b Weil sie bei Tageslicht die ganze Zeit arbeiten mussten

c Damit sie die Maden im Schiffszwieback nicht sahen

2 Was aßen Piraten, wenn die Hungersnot an Bord sehr groß war?

a Schiffstaue

b Lederriemen

c Holzspäne

1c Nach ein paar Wochen auf See war der Schiffszwieback mit Schimmel überzogen und von Maden durchlöchert. Angeblich haben die Seemänner ihn deshalb am liebsten im Dunkeln gegessen. So verschlug es ihnen wenigstens nicht den Appetit.

2b Piratentouren waren lang, und oftmals gab es an Bord nichts mehr zu essen. Um nicht zu verhungern, kochten Piraten Leder: Sie schnitten es in Streifen und nagten daran. Puh, das war bestimmt nicht lecker.

1 Wie heißen die Piratenschiffe im Chinesischen Meer?

a In China gibt es keine Piraten.
b Dschunken
c Karavellen

2 Gibt es auch in China Prinzessinnen?

a In China gab es nie Prinzessinnen.
b Auch die chinesischen Kaiser hatten Kinder!
c Prinzessinnen gibt es nur in chinesischen Märchen.

1b Dschunken waren die Lieblingsschiffe der asiatischen Piraten. Man erkannte sie an den hohen Bambusstangen, an denen die Segel befestigt waren. Mit einer Karavelle hat Kolumbus Amerika entdeckt.

2b Natürlich hatten die chinesischen Kaiser auch Kinder und das waren dann chinesische Prinzessinnen! Sie hießen allerdings nicht „Prinzessin“, sondern „gongzhu“.

1 Warum hatten Piraten oft Papageien an Bord?

a Weil Papageien das Meer lieben

b Weil Papageien besonders weit schauen können

c Weil Papageien die Mannschaft unterhielten

2 Wie wurde die Beute auf Piratenschiffen geteilt?

a Alle bekamen den gleichen Teil, nur der Kapitän bekam mehr.

b Wer am tapfersten gekämpft hatte, bekam am meisten.

c Wer am längsten Pirat war, bekam am meisten.

1c „Dummkopf! Dummkopf! Dummkopf!“, krächzte wohl so mancher Papagei von einem Piratenschiff und brachte damit alle zum Lachen. Außerdem glaubten Piraten, dass ein Fluch auf jedem laste, der einen Papagei tötete.

2a Beim Verteilen der Beute herrschte Gerechtigkeit: Alle bekamen den gleichen Anteil, nur Kapitän und Adjutant jeweils den doppelten. Da der Schiffskoch und der Schiffsjunge nicht mitkämpften, bekamen sie nur die Hälfte. Und wer sich verletzt hatte, erhielt zusätzlich ein paar Münzen.

Piraten und Prinzessinnen

1 Gibt es heute noch Piraten?

a Nein, Piraten gibt es schon lange nicht mehr.

b Klar! Nach wie vor rauben sie auf hoher See Schiffe aus.

c Ja, sie leben völlig unbemerkt auf kleinen Inseln.

Hexe-Lilli-Spezial

2 Wie wird man eine echte Prinzessin?

a Man muss einen Frosch küssen.

b Man muss die Tochter eines Königs und einer Königin sein.

c Man muss eine Erbse unter sieben Matratzen spüren.

1b Leider gibt es immer noch wilde Überfälle von Piraten auf hoher See: Sie überfallen Frachtschiffe und rauben sie aus. Die Mannschaft hat Glück, wenn sie den Angriff überlebt.

2b Eine echte Prinzessin ist nur, wer eine Königin als Mutter und einen König als Vater hat.

1 Warum haben Prinzessinnen auf Bildern lange Haare?

a Weil lange Haare schön sind

b Damit der Prinz zu ihnen auf den Turm klettern kann

c Das waren alles nur Perücken!

2 Warum sind auf Piratenflaggen Totenköpfe?

a Weil der Totenkopf das Lieblingssymbol von Piraten ist

b Weil Totenköpfe abschreckend und Furcht einflößend wirken

c Weil sich die Piraten früher damit zu erkennen geben mussten

1a Früher entsprachen lange Haare dem absoluten Schönheitsideal und auch heute gefällt es noch vielen Menschen. Deshalb ließen sich natürlich auch Prinzessinnen gern die Haare wachsen. Moderne Prinzessinnen tragen aber auch manchmal schicke Kurzhaarfrisuren.

2b Manch ein Kapitän hätte die Piraten sicher gern früher erkannt, denn oft tarnten und verkleideten sie sich! Wenn Piraten die Totenkopfflagge hissten, dann war das ein deutliches Signal: Wir kämpfen bis zum letzten Mann und Gefangene machen wir nicht!

1 Wie groß können Gewitterwolken sein?

a So groß wie ein LKW
b So groß wie ein Hochhaus
c So groß wie ein Berg

2 Wie oft blitzt es pro Minute auf der Erde?

a Etwa 20 Mal
b Etwa 100 Mal
c Etwa 6 000 Mal

1c Große Gewitterwolken türmen sich auf wie riesige Berge! Ihre Spitzen befinden sich in 15 km Höhe. Unter ihnen entladen sich Blitze und es dröhnt der Donner.

2c Auch wenn bei uns herrlicher Sonnenschein ist, irgendwo auf der Erde tobt immer ein Gewitter! Und dabei blitzt es etwa 6 000 Mal pro Minute.

1 Welche Farbe haben Gewitterwolken?

a Von unten Weiß und von der Seite Schwarz

b Von unten Grau und von oben Weiß

c Dunkelblau

2 Wie viel Wasser kann eine große Gewitterwolke tragen?

a So viel wie in drei Badewannen passt

b So viel wie in fünf Swimmingpools passt

c So viel wie in 60 Schwimmhallen passt

1b Große Gewitterwolken nennt man Kumulonimbus. Sie schweben hoch oben am Himmel: Von unten sehen sie grau aus und von oben sind sie weiß.

2c Wenn es so richtig regnet, kommt eine Menge Wasser herunter! Eine einzige Gewitterwolke kann bis zu 100 000 t Wasser enthalten. Das sind 60 Schwimmbecken mit einer Länge von 50 m!

Heiter bis wolkig!

1 Was kommt beim Gewitter zuerst: der Blitz oder der Donner?

a Der Blitz
b Der Donner
c Beides kommt gleichzeitig

Hexe-Lilli-Spezial

2 Wie hoch ist der höchste Vulkan?

a 30 m
b 4 000 m
c 25 km

1c Es geschieht beides gleichzeitig! Doch zuerst sieht man den Blitz und erst etwas später hört man den Donner. Warum? Weil sich Schallwellen langsamer als Licht durch die Luft bewegen.

2c Der mächtigste Vulkan des Sonnensystems ist stolze 25 km hoch. Er befindet sich jedoch nicht auf der Erde, sondern auf dem Mars. Der höchste Vulkan der Erde ist der Ojos del Salado in der Atacamawüste im Grenzgebiet zwischen Argentinien und Chile. Er ist 6 893 m hoch. Der Ätna ist mit 3 360 m der höchste noch aktive Vulkan.

Heiter bis wolkig!

1 Warum ist es nachts dunkel?

a Weil sich die Erde dreht

b Weil sich die Sonne wegdreht

c Weil sich der Mond vor die Sonne schiebt

2 Warum wirft das Meer Wellen?

a Weil die Sonne das Meer erwärmt

b Weil der Wind und Erdumdrehungen das Wasser bewegen

c Weil die Wasserpflanzen wachsen

1a Weil sich die Erde dreht, wird immer nur ein Teil von der Sonne beleuchtet. Dort ist dann Tag. Wo die Sonne nicht hinscheint, herrscht dann dunkle Nacht.

2b Das Wasser im Meer wird immer wieder bewegt: durch den Wind, durch die Erddrehung und die Anziehungskraft des Mondes, durch alles, was auf der Oberfläche schwimmt ... Diese Wellen können bei einem Fischkutter ganz klein und bei einem Sturm meterhoch sein.

1 Warum gibt es Erdbeben?

a Weil die Erde auf ihrer Flugbahn erschüttert wird

b Weil die Erdplatten aneinander-reiben

c Weil sich die Erde langsam ausdehnt

2 Gibt es auch nachts Regenbögen?

a Nein, nachts scheint keine Sonne.

b Nein, nachts regnet es nicht.

c Ja, die sogenannten Mondbögen

1b Kontinente und Ozeane liegen auf großen Platten, den Kontinentalplatten. Diese Platten bewegen sich und schieben sich Millimeter für Millimeter aneinander vorbei. Doch manchmal stoßen sie aneinander. Diesen „Rums" nehmen wir als Erdbeben war.

2c Regenbögen können auch im Licht des Vollmonds entstehen. Diese Mondbögen sind aber äußerst selten! Mit viel Glück kann man sie manchmal an Wasserfällen beobachten.

1 Aus welcher Höhe stürzt der höchste Wasserfall der Erde in die Tiefe?

a Aus etwa 300 m
b Aus fast 500 m
c Aus fast 1 000 m

2 Leben in der Wüste Tiere?

a Nein
b Nur Kamele
c Es gibt viele Wüstenbewohner.

1c Der höchste Wasserfall der Erde ist der Salto Angel in Venezuela. Hier stürzt das Wasser von einem Berg, dem Auyun-Tepui, über 979 m in die Tiefe.

2c Es gibt tatsächlich einige Tiere, die sich dem harten Wüstenklima angepasst haben: Sie vertragen die Hitze und kommen mit ganz wenig Wasser aus. Zu diesen Überlebenskünstlern zählen u. a. Kamele, Skorpione, Schwarzkäfer, Klapperschlangen und die niedlichen Erdmännchen.

In dieser Reihe außerdem erhältlich:

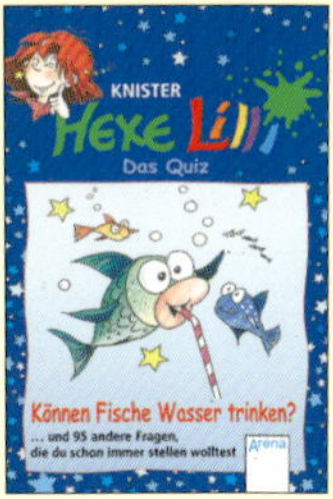

In neuer Rechtschreibung

1. Auflage 2009

Konzept: Annett Stütze

Illustrationen Cover und Hexe Lilli: Birgit Rieger

Andere Illustrationen: Manfred Rohrbeck, Milada Krautmann, Hauke Kock, Sonia Dilg, Thomas Müller, Karl Heinz Höllering

Gestaltung: anja marschhäuser
tomilom design • www.tomilom.de

Printed in China

ISBN 978-3-401-09571-4

www.arena-verlag.de

KNISTER

Hexe Lilli

Das Quiz

★ **Können Eisbären schwitzen?**

★ **Gibt es auch nachts einen Regenbogen?**

★ **Wie kommen die Löcher in den Käse?**

Hexe Lilli weiß genau Bescheid und findet auch auf die verrücktesten Fragen noch eine Antwort – und die steht garantiert in keinem Schulbuch! Damit es richtig spannend wird, sind zwei Lösungen dabei, die geflunkert sind. Findest du heraus, welche Antwort die richtige ist? Dann quiz dich schlau mit Hexe Lilli!

ISBN 978-3-401-09571-4

9 783401 095714

€ 6,95 [D]

www.arena-verlag.de

Arena